Cocinar hoy...
Postres y dulces

OCEANO

CORRECCIÓN DE LOS TIEMPOS DE COCCIÓN SEGÚN LA ALTITUD

ALTITUD	TEMPERATURA DE EBULLICIÓN DEL AGUA	CORRECCIÓN POR HORA DE COCCIÓN
+1500	97º C	+3 minutos
+2000	96º C	+4 minutos
+2500	95º C	+5 minutos
+3000	94º C	+7 minutos

NOTA: Estos valores son aproximados y pueden variar ligeramente debido al clima local de cada región.

Dirección General de Ediciones: Carlos Gispert

Recetas, Cocina y Estilismo: Itos Vázquez

Fotografías: Fernando Ramajo

Coordinación Editorial: Pilar Casado

Maquetación y Diseño: Lili Mínguez, Esther Mosteiro

© MMI OCEANO GRUPO EDITORIAL, S.A.
Milanesat, 21-23
EDIFICIO OCEANO
08017 Barcelona (España)
Tel.: 932 802 020*
Fax: 932 031 791
www.oceano.com

ISBN: 84-494-1381-8

Depósito Legal: B-19505-XLII

9080900031200

INTRODUCCIÓN

Va a necesitar harina, leche, huevos, azúcar, frutas, un poco de imaginación y mucho cariño a la hora de preparar las dulces recetas que aquí presentamos y que harán brillar los ojos de sus comensales, sobre todo de los niños.

Todavía permanece en nuestra memoria el terrible castigo de nuestra infancia –Hoy te quedas sin postre–, con el que se reprendían nuestras travesuras. En la actualidad, no se preparan tantos postres como antaño y esto quizá sea debido a un miedo injustificado a la dificultad de su elaboración.

Tenemos el grato placer de ofrecerle una selección de cuidadas recetas que, con poco esfuerzo y sin gran gasto, recrearán la vista y los paladares de aquellos que las degusten. Siga nuestras indicaciones y verá con qué facilidad elabora los postres y dulces que este libro presenta.

Es importante respetar las cantidades que se indican y tener en cuenta que la cocina depende de distintas variables en cada región. Según la altitud del lugar, deberá corregir los tiempos de cocción de acuerdo con la tabla que incluimos. Su experiencia será, sin embargo, la que le permitirá obtener los mejores resultados.

En las recetas en las que interviene la harina, recuerde que si no se indica lo contrario, ésta será de trigo.

Estamos convencidos de que con este libro usted conseguirá de manera fácil y original que todos deseen y disfruten sus postres y dulces.

Postres y dulces

El arte de la repostería proporciona continuamente grandes satisfacciones a quienes lo practican. La presencia de tartas, pasteles, ensaladas de frutas, helados, etc. en las mesas, tanto en momentos especialmente festivos como a diario, proporciona un toque especial al hábito social de compartir la comida. Varios son los factores que permiten obtener buenos resultados en las prácticas reposteras. En primer lugar, es fundamental respetar las proporciones indicadas de ingredientes y también los tiempos de cocción y las temperaturas. Es importante señalar que no todos los hornos funcionan de la misma manera y que tan sólo la práctica le revelará el punto exacto para lograr el éxito en la presentación de su obra de repostería. Otro punto muy importante a tener en cuenta es el de la calidad de los productos: huevos frescos, harinas de calidad y bien tamizadas, frutas en perfecto estado, etc. Realmente, las posibilidades a nuestro alcance son innumerables. Podemos optar tanto por postres autóctonos como por aquellos que, procedentes de otros países y gracias a la asombrosa repercusión de los medios de co-

municación, se han convertido en habituales en nuestra cocina. Sin embargo, recuerde que cada operación requiere su tiempo y debe dedicársele todo el que sea necesario. Una recomendación a tener en cuenta es la de tener preparados y pesados los ingredientes unos 20 minutos antes de comenzar la elaboración de la receta. De esta forma, se adaptarán a la temperatura ambiente y facilitarán el trabajo. Esta recomendación, sin embargo, no es válida en el caso del hojaldre y de la masa quebrada. Tampoco lo es en la preparación de los merengues, pues es preferible que las claras de huevo estén a baja temperatura. Otra medida conveniente es la de lavar bien las naranjas y los limones cuando vayamos a utilizar sus cáscaras para aromatizar. En algunos casos puede haber restos de insecticidas o simplemente cera.

En general, es conveniente enharinar ligeramente tanto las superficies de trabajo, como el rodillo de amasar. También es recomendable untar con aceite o mantequilla las placas y moldes que vayan a contener masas con poca grasa. En el caso de los bizcochos, en cambio, debe engrasar al menos la base del molde. Por otro lado, en la preparación de los hojaldres es muy recomendable rociar previamente la placa con agua muy fría. Siga las instrucciones y obtendrá sin duda los resultados deseados.

Moldes, recipientes y utensilios

*Para la correcta realización de las tartas
resulta muy conveniente contar con los elementos auxiliares adecuados.
Salvo contadas excepciones, estos recipientes y utensilios
no son excesivamente caros y en cambio
facilitan en gran manera el trabajo, permitiendo obtener
unos resultados altamente satisfactorios.*

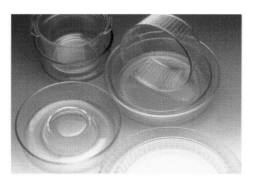

Los moldes de vidrio tratado ofrecen excelentes posibilidades para la realización de toda clase de postres, así como una limpieza fácil y cómoda. También son muy prácticos si desea preparar la receta en un horno microondas.

En el caso de los moldes metálicos, es conveniente disponer de aquellos que se encuentran revestidos de una cobertura antiadherente como el tefal o el teflón. También son muy prácticos los de cierre lateral, así como los de aluminio de un solo uso.

Un peso, un recipiente graduado para medir los líquidos y un juego de medidores para sólidos nos permitirán determinar con exactitud las cantidades necesarias para cada receta.

Existen diferentes tipos de coladores y cedazos que se utilizan para tamizar el azúcar, la harina o recoger las telillas de las yemas de huevo. Esta operación contribuye a una mejor realización de las tartas.

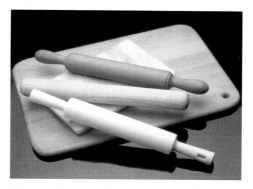

Si no se dispone de una superficie lisa para amasar, es conveniente adquirir una tabla de cocina lo más grande posible. Los rodillos se comercializan de diferentes formas y tamaños.

Para las operaciones de batido, existen diferentes tipos de batidoras manuales. En la preparación de masas y helados, son también útiles las moldeadoras y las espátulas de distintos materiales.

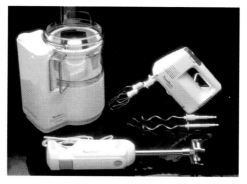

Las batidoras modernas, ya sean tipo "plancha" o de varilla, ofrecen una ayuda insustituible en la cocina. También los "robots" son de gran utilidad por su gran versatilidad y eficacia.

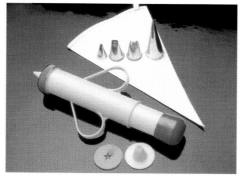

Las mangas pasteleras, bien sean de tipo tradicional, de tela, o del estilo "churrera", son imprescindibles para las variadas ornamentaciones de las tartas.

Existe una gran variedad de elementos complementarios, tales como los cortadores de pasta, los descorazonadores y vaciadores de frutas, y los cortadores de formas especiales, que son muy útiles en la preparación de los elementos decorativos que complementan las recetas.

Las mejores recetas

Hojaldres de piña

Ingredientes para 4 personas:

✓ 250 g de hojaldre descongelado
✓ 1 1/2 tazas de leche
✓ Un trozo de cáscara de limón
✓ 3 yemas de huevo
✓ 6 cucharadas de azúcar
✓ 1 cucharada de maicena (fécula de maíz)
✓ 1 cucharada de margarina vegetal
✓ 6 rodajas de piña (ananá) en almíbar
✓ 2 cucharadas de coco rallado
✓ 12 guindas confitadas

1

Caliente la leche junto con la cáscara de limón y, antes de que hierva, retírela y déjela enfriar ligeramente. Mientras tanto, bata las yemas de huevo con el azúcar y la maicena (1).

A continuación, incorpore la leche sin la cáscara de limón, y cocínela sin dejar de revolver, para que no hierva, hasta que espese. Retire la mezcla del fuego y continúe revolviendo para que se enfríe.

2

Extienda el hojaldre y córtelo en 4 rectángulos (2). Colóquelos en una placa de horno engrasada con la margarina vegetal, pinche el hojaldre con un tenedor, ponga un peso encima e introduzca todo en el horno, precalentado a 205° C (400° F), durante 15 minutos.

3

Por último, reparta la crema sobre los hojaldres cocinados, corte las rodajas de piña por la mitad y colóquelas sobre la crema (3), decore con las guindas y el coco, y sirva.

Tiempo de realización: 40 minutos	Calorías por ración: 497

Pastel de avellanas

Ingredientes para 6 personas:
50 g de mantequilla
200 g de azúcar
3 huevos
100 g de harina
1 cucharada de levadura en polvo (polvo de hornear)
2 cucharadas de chocolate en polvo
100 g de avellanas molidas
250 g de nata montada (crema de leche batida)
Avellanas tostadas para la decoración

Vierta en un recipiente la mantequilla y el azúcar y trabájelos enérgicamente hasta que se forme una mezcla suave y homogénea. Agregue los huevos y vuelva a mezclarlo todo.

A continuación, ponga en otro recipiente la harina junto con la levadura, el chocolate y las avellanas molidas. Revuelva todo bien, añada la mezcla de huevos y mantequilla y bata todos los ingredientes hasta que la mezcla quede homogénea.

Seguidamente, engrase un molde de bizcocho y vierta en él la mezcla. Introdúzcala en el horno, precalentado a 180º C (350º F), y cocínela durante 45 minutos. Pinche el pastel con una aguja y si ésta sale limpia es que está cocido. Desmóldelo y déjelo enfriar.

Por último, abra el bizcocho por la mitad y rellénelo con nata. Déle su forma original y decórelo con la nata restante y las avellanas.

Tiempo de realización: 1 hora   Calorías por ración: 498

Gelatina con frutas

Ingredientes para 6 personas:

150 g de azúcar
5 yemas de huevo
2 cucharadas de maicena (fécula de maíz)
500 ml de zumo (jugo) de ciruelas (claudias)
1 sobre de gelatina de limón en polvo
Unas gotas de colorante alimenticio verde

Para el relleno:
La pulpa de medio melón cortada en bolitas
2 melocotones (duraznos) cortados en cubitos
250 g de moras (zarzamoras)
150 g de frambuesas (frutillas)
2 cucharadas de azúcar
1 copa de ron

Mezcle en una cacerola el azúcar y las yemas de huevo. Agregue la maicena y la mitad del zumo de ciruela, revuelva todo bien y cocine, sin dejar de revolver, hasta que se forme una crema, procurando que no hierva en ningún momento. Aparte la crema del fuego y resérvela.

A continuación, disuelva la gelatina en un poco de zumo e incorpórela a la crema preparada junto con el zumo restante y el colorante. Mezcle todo bien, vierta la mezcla en un molde de corona y déjela en el frigorífico hasta el día siguiente, para que esté bien cuajada.

Al día siguiente, prepare todas las frutas, mézclelas con el azúcar y el ron y déjelas macerar durante 2 horas.

Por último, desmolde la gelatina, rellene el hueco central con las frutas y decórela al gusto antes de servir.

Tiempo de realización: 30 minutos   Calorías por ración: 213

Mousse de chocolate

Ingredientes para 4 personas:

150 g de chocolate rallado

2 cucharadas de leche

50 g de mantequilla

50 g de azúcar

4 huevos, separadas las yemas de las claras

Nata montada (crema de leche batida) al gusto

Ponga el chocolate junto con la leche en un recipiente y cocine a fuego lento hasta que el chocolate se derrita. Retírelo del fuego e incorpore la mantequilla y el azúcar, revolviendo para que la mezcla sea homogénea.

A continuación, añada las yemas de huevo, una a una, sin dejar de revolver. Deje enfriar la mezcla.

Seguidamente, bata las claras a punto de nieve firme, e incorpórelas a la mezcla de chocolate fría con movimientos envolventes para que las claras no se bajen.

Por último, introduzca la mousse en el frigorífico y sírvala decorándola con nata montada o al gusto.

Si desea que la mousse resulte más suave, agregue otras 2 claras de huevo y utilice la mitad de la mantequilla. Le quedará una mousse de consistencia espumosa.

Tiempo de realización: 30 minutos	Calorías por ración: 492

Corona de chocolate

Ingredientes para 6 personas:

100 g de chocolate sin leche cortado en trocitos
500 ml de leche
4 yemas de huevo
6 cucharadas de azúcar
1 sobre de gelatina sin sabor en polvo
500 g de nata montada (crema de leche batida) con azúcar
3 kiwis cortados en rodajas

Ponga en un cazo el chocolate con 3 cucharadas de leche y cocínelo al baño María hasta que se derrita completamente. Revuélvalo bien y resérvelo.

A continuación, bata las yemas con el azúcar. Añada la leche restante, mezcle todo bien y viértalo en una cacerola. Cocine la mezcla sin dejar de revolver, para que no hierva, hasta que se forme una crema ligera. Apártela del fuego.

Seguidamente, diluya la gelatina en un poquito de agua hirviendo, incorpórela a la crema junto con el chocolate derretido y bata todo bien. Vierta la mezcla en un molde de corona, introdúzcala en el frigorífico y déjela reposar un mínimo de 3 horas para que esté completamente cuajada.

Por último, desmolde la corona sobre una bandeja, rellene el centro con la nata montada y decórela con los kiwis y la nata restante.

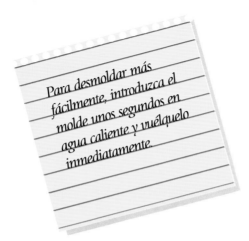

Para desmoldar más fácilmente, introduzca el molde unos segundos en agua caliente y vuélquelo inmediatamente.

Tiempo de realización: 25 minutos	Calorías por ración: 567

Gaznates

Ingredientes para 6 personas:
- ✓ *6 yemas de huevo*
- ✓ *1 cucharada de brandy (cognac)*
- ✓ *Harina de trigo*
- ✓ *1 cucharada de manteca de cerdo (cochino, chancho)*
- ✓ *Abundante aceite vegetal para freír*
- ✓ *300 g de dulce de leche (leche condensada cocida)*

1

Bata las yemas en un cuenco hasta que queden blanquecinas y espumosas; añada el brandy, mézclelo todo y agregue harina, poco a poco, hasta obtener una masa que no se pegue a las manos. Derrita la manteca, incorpórela a la masa y trabájela unos minutos más.

2

Seguidamente, extienda la masa con el rodillo sobre una superficie enharinada hasta conseguir una lámina fina y corte, con un cuchillo o un cortador de pasta, rectángulos de 6 x 4 cm **(1)**.

A continuación, humedezca dos esquinas de cada rectángulo, en diagonal, y únalas presionando con los dedos para que se adhieran bien.

Caliente el aceite en una sartén grande al fuego, fría los gaznates hasta que estén bien dorados **(2)** y retírelos con una espumadera.

3

Por último, déjelos enfriar, rellénelos con el dulce de leche **(3)** y sírvalos.

Tiempo de realización: 30 minutos   Calorías por ración: 300

Tarta de moras

Ingredientes para 4 personas:

1 huevo
2 cucharadas de azúcar
1 cucharada de maicena (fécula de maíz)
1 taza de leche
200 g de moras (zarzamoras) hechas puré
El zumo (jugo) de media naranja
La ralladura de media naranja
2 cucharadas de gelatina de frambuesa en polvo
1 taza de nata (crema de leche) líquida
150 g de bizcochos de soletilla (soletas)
1 copa de licor

Para la decoración:
Nata montada (crema de leche batida)
50 g de moras (zarzamoras)

Bata el huevo con el azúcar y la maicena. Agregue la leche, poco a poco, y cocine sin dejar de revolver para que no hierva hasta que se forme una crema. Cuele el puré de moras y agréguelo a la crema preparada junto con el zumo y la ralladura de naranja.

A continuación, disuelva la gelatina en 2 cucharadas de agua hirviendo. Reserve 2 cucharadas de la gelatina resultante y añada el resto a la crema.

Seguidamente, bata la nata e incorpórela al preparado. Introduzca éste en el frigorífico durante 1 hora.

Por último, cubra el fondo de un molde desmontable con la gelatina reservada y fórrelo con los bizcochos empapados en el licor. Trocee los bizcochos restantes y llene el molde, alternando con la crema preparada. Ponga el molde en el frigorífico hasta el momento de servir. Desmolde la tarta y decórela con la nata y las moras.

Tiempo de realización: 30 minutos   Calorías por ración: 379

Bizcocho Sara

Ingredientes para 4 personas:
1 yogur de coco
El envase del yogur lleno de azúcar
4 huevos
El envase del yogur lleno de aceite de oliva
El envase del yogur lleno de harina
El envase del yogur lleno de coco rallado
1 sobre de levadura en polvo (polvo de hornear)
1 cucharadita de mantequilla

En un cuenco amplio, bata el azúcar con los huevos, hasta conseguir una mezcla blanquecina y espumosa. Agregue el aceite y el yogur de coco, revolviendo constantemente hasta que la mezcla quede homogénea.

A continuación, mezcle la harina con el coco rallado y la levadura e incorpore la mezcla al preparado anterior, revolviendo con una cuchara de madera hasta obtener una crema ligera y homogénea.

Seguidamente, engrase un molde con la mantequilla, vierta en él la mezcla e introdúzcalo en el horno, precalentado a 180° C (350° F), durante 45 minutos. Para comprobar si el bizcocho está cocido, pinche en el centro con una aguja, que deberá salir limpia.

Por último, desmóldelo y sírvalo espolvoreado de coco rallado.

NOTA: Para la realización de este bizcocho, se ha tomado como medida el envase del yogur de coco.

Tiempo de realización: 1 hora   Calorías por ración: 479

Peras en hojaldre

Ingredientes para 4 personas:

1 l de agua
1/2 limón
1 rama de hierbabuena
2 peras peladas
1 cucharada de uvas pasas (uvas secas)
1 cucharada de miel
1 plancha de hojaldre descongelado
1 yema de huevo
1 cucharadita de leche
2 cucharadas de yogur
Unas gotas de kirsch
2 cucharadas de mermelada roja
1 cucharada de zumo (jugo) de limón

Ponga una cacerola al fuego con el agua, el limón y la hierbabuena y cuando rompa el agua a hervir, agregue las peras peladas y cocínelas durante 3 minutos.

Mientras tanto, mezcle las pasas con la miel y reserve.

A continuación, estire la masa de hojaldre sobre una superficie enharinada. Corte las peras por la mitad, quíteles las semillas y el corazón y rellene el hueco con las pasas con miel. Coloque las peras boca abajo sobre el hojaldre y recórtelo, dejando un sobrante alrededor de 1 cm y formando el rabo de una pera y unas hojitas en la parte superior.

Seguidamente, bata la yema con la leche y barnice el hojaldre con la mezcla. Coloque el hojaldre sobre una placa de horno e introdúzcalo en el horno, precalentado a 180° C (350° F), durante 10 minutos o hasta que esté bien dorado.

Por último, coloque las peras en platos individuales. Mezcle el yogur con el licor, la mermelada y el zumo de limón, decore con esta mezcla los platos y sirva las peras calientes o frías.

Tiempo de realización: 25 minutos	Calorías por ración: 269

Charlota de plátanos

Ingredientes para 6 personas:

5 plátanos (bananos, cambures) cortados en rodajas finas
4 cucharadas de ron
1 1/2 tazas de leche
16-18 bizcochos de soletilla (soletas)
3 yemas de huevo
1 taza de azúcar
2 cucharadas de maicena (fécula de maíz)
6 cucharadas de leche caliente
Esencia de vainilla (opcional)
1 taza de nata montada (crema de leche batida) con azúcar
2 claras de huevo a punto de nieve (turrón)

Forre un molde alto con papel de aluminio y reserve.

A continuación, mezcle el ron con la leche, remoje la parte interior de los bizcochos y forre con ellos el molde, con la parte húmeda hacia dentro. Trocee los bizcochos restantes.

Seguidamente, ponga en un cazo las yemas de huevo con el azúcar y la maicena. Bátalas e incorpore, sin dejar de batir, la leche y la vainilla. Cocine la mezcla a fuego lento, sin dejar de revolver para que no hierva, hasta que espese. Retírela del fuego y déjela enfriar.

Rellene el molde formando capas alternas de plátanos, crema y bizcochos troceados, hasta que esté lleno. Introdúzcalo en el frigorífico.

Por último, mezcle la nata con las claras batidas. Desmolde la charlota y decórela con el chantilly preparado.

Tiempo de realización: 30 minutos	Calorías por ración: 470

Cascos de naranja

Ingredientes para 4 personas:
- ✓ 4 naranjas
- ✓ Una pizca de sal
- ✓ 2 tazas de agua
- ✓ 2 tazas de jugo de naranja
- ✓ 3 tazas de azúcar
- ✓ 3-4 ramitas (astillas) de canela

1

Ralle las naranjas y reserve la ralladura para otra preparación. Extraiga el jugo de las naranjas y córtelas en gajos (1).

A continuación, póngalas en una olla, cúbralas con agua, añada sal y cocine durante 30 minutos. Escúrralas, lávelas y déjelas en remojo durante 8 horas, cambiando el agua de vez en cuando, hasta que quede transparente.

2

Seguidamente, ponga las 2 tazas de agua, el jugo de naranja, el azúcar y la canela en una olla (2) y cocine a fuego lento, durante 1 hora o hasta obtener un almíbar espeso.

Por último, añada las naranjas escurridas (3) y cocine hasta que absorban parte del almíbar. Déjelas enfriar y sírvalas.

3

Tiempo de realización: 2 horas	Calorías por ración: 333

Tarta de chocolate

Ingredientes para 6 personas:
100 g de mantequilla
100 g de azúcar
3 huevos
100 g de harina
50 g de chocolate en polvo
50 g de almendras molidas
1 cucharadita de levadura en polvo (polvo de hornear)

Para la cobertura:
200 g de chocolate fondant
1 cucharada de mantequilla
2 cucharadas de nata (crema de leche) líquida

Bata la mantequilla junto con el azúcar, si es posible con la batidora, para que quede muy cremosa. Sin dejar de batir, agregue los huevos, de uno en uno, e incorpore la harina, el chocolate, las almendras y la levadura.

A continuación, engrase un molde con mantequilla, vierta en él la mezcla preparada e introduzca en el horno, precalentado a 180° C (350° F), durante 35 o 40 minutos. Pinche la tarta con una aguja y si sale seca y limpia, es que está cocinada. Retírela del horno, desmóldela y déjela enfriar sobre una rejilla.

Mientras tanto, prepare la cobertura: derrita el chocolate en un cazo al fuego junto con la mantequilla. Retire del fuego y, sin dejar de batir, incorpore la nata líquida, hasta obtener una crema homogénea.

Por último, cubra el bizcocho con la crema de chocolate preparada, dejándolo enfriar hasta que se forme una costra. Decórelo al gusto y sirva.

Tiempo de realización: 1 hora   Calorías por ración: 570

Frutas con natilla

Ingredientes para 4 personas:
500 ml de vino tinto
Un trozo de cáscara de limón
100 g de azúcar
1 clavo de olor
1 ramita (astilla) de canela
4 ciruelas (claudias) amarillas peladas
8 ciruelas (claudias) rojas peladas
200 g de cerezas (guindas, picotas)
3 melocotones (duraznos) pelados
1 taza de natilla
Almendras picadas

Ponga en una cacerola el vino junto con la cáscara de limón, el azúcar, el clavo de olor y la canela. Revuelva todo para que el azúcar se disuelva y cocine a fuego lento durante unos minutos, sin dejar de mover con una cuchara de madera.

A continuación, incorpore las frutas y cocine durante 10 minutos. Retire las ciruelas y las cerezas de la cacerola y cocine los melocotones durante 10 minutos más. Retire las frutas del vino y déjelas enfriar. Corte los melocotones en gajos.

Seguidamente, cubra el fondo de 4 platos con una fina capa de natilla. Distribuya sobre ella las frutas, espolvoréelas con las almendras picadas y sírvalas templadas.

Si quiere dar a este plato un toque diferente, espolvoréelo con azúcar glass e introdúzcalo en el horno con el gratinador encendido. Tomará un bonito color dorado.

Tiempo de realización: 35 minutos	Calorías por ración: 287

Bavaroise de coco

Ingredientes para 4 personas:

3 yemas de huevo
6 cucharadas de azúcar
1/2 cucharadita de maicena (fécula de maíz)
500 ml de leche
2 cucharadas de ron
60 g de coco rallado
150 g de nata montada (crema de leche batida)
1 1/2 sobres de gelatina disuelta en 1/2 taza de agua
Frutas al gusto

Bata las yemas junto con el azúcar, la maicena y la leche. Vierta la mezcla en una cacerola y cocine a fuego lento, al baño María, sin dejar de revolver para que no hierva, hasta que el preparado espese y tenga la consistencia de una crema.

A continuación, retírelo del fuego, agregue el ron y el coco rallado, mezcle bien y deje enfriar.

Seguidamente, incorpore la nata y la gelatina disuelta en el agua, bata todo bien y viértalo en un molde. Introduzca éste en el frigorífico durante 3 o 4 horas para que quede bien cuajado.

Por último, desmolde la bavaroise sobre una fuente de servir, decore con frutas o al gusto y sirva.

Si tiene tiempo, recuerde que es preferible preparar los platos con gelatina el día anterior a su consumición.

Tiempo de realización: 20 minutos   Calorías por ración: 533

Postre de moras

Ingredientes para 6 personas:
350 g de moras (zarzamoras)
350 g de azúcar
1 taza de agua
1 cucharadita de mantequilla
1/2 taza de leche
3 cucharadas de Cointreau
8 bizcochos de soletilla (soletas) cortados en trocitos
Canela en polvo

Lave bien las moras y hágalas puré en la batidora. Pase el puré por un chino o pasapurés para que quede sin pepitas.

A continuación, ponga el puré en una cacerola, añada el azúcar, el agua y la mantequilla y cocine, revolviendo constantemente con una cuchara de madera hasta que la compota tome consistencia y se despegue del fondo y de las paredes de la cacerola. Retírela del fuego y déjela enfriar.

Seguidamente, mezcle en una taza la leche y el Cointreau. Reparta los trocitos de bizcocho en el fondo de 6 copas y rocíelos con la mezcla de leche. Cubra con la compota de moras y deje reposar.

Por último, unos minutos antes de servir, espolvoree la superficie del postre con la canela en polvo.

Puede preparar este postre cambiando las zarzamoras por otra fruta de verano a su gusto: frambuesas, grosellas, etc.

Tiempo de realización: 50 minutos   Calorías por ración: 430

Tarta de Santiago

Ingredientes para 10-12 personas:
- ✓ 125 g de mantequilla
- ✓ 4 huevos
- ✓ 4 cucharadas de agua
- ✓ La ralladura de 1 limón
- ✓ 250 g de azúcar
- ✓ 175 g de harina
- ✓ 250 g de almendras molidas

Para la decoración:
- ✓ 1 cucharada de azúcar glass
  (glacé, impalpable)

Unte con mantequilla un molde y enharínelo ligeramente. En un cazo derrita la mantequilla al baño María.

Bata en un cuenco los huevos junto con el agua, hasta obtener una mezcla suave y esponjosa. Agréguele la ralladura de limón y el azúcar **(1)**. Incorpore la mantequilla derretida y templada, y continúe batiendo unos minutos más hasta que todos los ingredientes formen una masa homogénea. Añada, poco a poco, la harina previamente tamizada **(2)** y las almendras molidas, y mezcle delicadamente.

A continuación, vierta la masa preparada en el molde **(3)** y cocine en el horno precalentado a 180° C (350° F), durante 40 minutos. Retírela del horno, déjela enfriar 5 minutos y desmóldela.

Por último, decore la tarta con el azúcar glass y, si lo desea, sírvala acompañada de salsa de frambuesa o nata batida.

Tiempo de realización: 1 hora	Calorías por ración: 328

Corona de albaricoques

Ingredientes para 6 personas:
3 cucharadas de cacao (cocoa) en polvo
500 ml de leche fría
5 huevos
250 g de azúcar
1 cucharada de mantequilla
200 ml de nata (crema de leche) líquida
3 cucharadas de azúcar glass (glacé, impalpable)
4 albaricoques (chabacanos) partidos por la mitad y sin hueso

Disuelva el cacao en un vaso de leche y reserve. Vierta la leche restante en una cacerola y deje que dé un hervor. Agregue el cacao disuelto en la leche, revuelva bien, retire del fuego y deje enfriar ligeramente.

Mientras tanto, bata los huevos con el azúcar y cuando la leche con cacao esté templada, incorpórela a la mezcla de huevos.

A continuación, engrase un molde de corona con la mantequilla. Vierta en él la mezcla preparada e introdúzcala en el horno precalentado, cocinando el flan al baño María, durante 40 minutos. Retírelo y déjelo enfriar.

Seguidamente, bata la nata, añadiéndole poco a poco el azúcar glass, sin dejar de batirla hasta que esté consistente.

Por último, desmolde el flan sobre una fuente de servir. Rellene el hueco central con la nata preparada y coloque por encima, de manera decorativa, los albaricoques.

Si quiere que la corona le quede más compacta, antes de verter el preparado en el molde, añádale 3 o 4 bizcochos de soletilla mojados en leche.

Tiempo de realización: 50 minutos   Calorías por ración: 457

Tarta de naranja

Ingredientes para 6 personas:
150 g de mantequilla
150 g de azúcar
4 huevos
200 g de harina
2 cucharadas de levadura en polvo (polvo de hornear)
La ralladura de media naranja
El zumo (jugo) de 2 naranjas
Caramelo para el molde hecho con 3 cucharadas de azúcar
1 naranja cortada en aros

Para el almíbar:
1 tacita de agua
El zumo (jugo) de 3 naranjas
175 g de azúcar

Trabaje la mantequilla junto con el azúcar hasta obtener una pasta homogénea. Agregue los huevos, de uno en uno, hasta que estén bien incorporados.

A continuación, mezcle la harina y la levadura y agréguelas a la crema anterior junto con la ralladura de naranja.

Seguidamente, caramelice un molde redondo, vierta en él el preparado anterior e introdúzcalo en el horno, precalentado a 180° C (350° F), durante 45 minutos. Desmóldelo y colóquelo en una fuente honda.

Mientras se cocina el bizcocho, ponga todos los ingredientes del almíbar en un recipiente y cocínelo durante 10 minutos hasta que espese.

Por último, desmolde el bizcocho y vierta el almíbar sobre él, lentamente para que lo absorba bien, decórelo con los gajos de naranja o al gusto y sírvalo.

Tiempo de realización: 55 minutos	Calorías por ración: 620

Postre de café

Ingredientes para 4 personas:
1 tacita de leche
1 cucharada de café soluble
4 huevos, separadas las claras de las yemas
1 cucharada de maicena (fécula de maíz)
50 g de azúcar
1 tacita de café bien cargado
Edulcorante líquido al gusto (opcional)
200 g de nata montada (crema de leche batida)

Caliente la leche y disuelva en ella el café soluble.

A continuación, bata las yemas e incórporelas a la leche con café, junto con la maicena, el azúcar y la tacita de café cargado. Ponga todo al fuego y cocínelo sin dejar de revolver, para que no hierva, hasta que la mezcla espese. Retire el recipiente del fuego, sumerja parte de éste en agua fría y continúe revolviendo para cortar la cocción. Pruebe la crema y agréguele, si lo desea, edulcorante artificial.

Mientras la crema se enfría, bata las claras a punto de nieve firme y mézclelas con la nata.

Seguidamente, incorpore el batido a la crema de café y mezcle todo con movimientos envolventes para que la nata no se baje. Deje enfriar el preparado en el frigorífico.

Por último, reparta el postre en 4 copas y, si lo desea, decórelo con más nata o al gusto.

Si le queda café, no lo tire. Congélelo en una bandeja de cubitos para hielo y utilícelo cuando necesite aromatizar cualquier postre.

Tiempo de realización: 30 minutos	Calorías por ración: 318

Corona de crema

Ingredientes para 4 personas:

3 tazas de leche
1 ramita (astilla) de canela
4 huevos
1 lata pequeña de leche condensada
1 cucharada de mantequilla
500 g de fresones (fresas, frutillas) pequeños
100 g de chocolate fundido
50 g de azúcar

Vierta la leche en un cazo, agregue la canela y cocine a fuego lento durante 5 minutos, con cuidado para que no se derrame. Retírela del fuego y déjela enfriar ligeramente.

Mientras tanto, bata los huevos. Cuando la leche esté tibia, retire la canela e incorpore los huevos batidos junto con la leche condensada. Revuelva todo bien hasta conseguir una mezcla homogénea.

A continuación, engrase un molde con la mantequilla, vierta en él el preparado anterior y cocínelo al baño María, en el horno, durante 40 minutos o hasta que esté cuajado. Retire del horno y deje enfriar.

Seguidamente, escoja unos fresones pequeños y sumerja las puntas en el chocolate fundido. Déjelos enfriar para que el chocolate se solidifique y haga un puré con los restantes fresones, endulzándolo con el azúcar.

Por último, desmolde la corona, vierta en el centro el puré de fresón y decore con los fresones con chocolate.

Si le resulta complicado sumergir los fresones en el chocolate, puede rociar la corona y los fresones con el chocolate derretido, dejándolo caer en forma de hilo.

Tiempo de realización: 55 minutos   Calorías por ración: 387

Postre de melocotón

Ingredientes para 8 personas:
- ✓ 1 lata de 1 kg de melocotones (duraznos) en almíbar
- ✓ 1 lata de 500 g de leche condensada
- ✓ 1 sobre de gelatina sin sabor en polvo
- ✓ 1 taza de leche
- ✓ 1 copa de ron u otro licor al gusto
- ✓ 10 bizcochos de soletilla (soletas)
- ✓ 1 cucharada de mantequilla
- ✓ 2 tazas de nata montada (crema de leche batida)

Corte 2 melocotones en gajos y resérvelos. Trocee los melocotones restantes (1) y hágalos puré en una batidora. Viértalo en un recipiente grande, añada la leche condensada (2) y revuelva bien.

Disuelva la gelatina en 2 cucharadas de leche caliente e incorpórela a la mezcla preparada.

Ponga la leche con el ron en un plato hondo y empape ligeramente los bizcochos. Engrase un molde de corona con mantequilla y vierta en él la mitad del puré preparado. Reparta los bizcochos troceados (3) y cúbralos con el resto de la crema. Introduzca el molde en el frigorífico 4 o 5 horas hasta que esté cuajado.

Vierta la nata en una manga pastelera, desmolde el postre y decórelo con la nata y los melocotones reservados, o al gusto.

Tiempo de realización: 30 minutos	Calorías por ración: 628

Empanadillas de chocolate

Ingredientes para 6 personas:
1 vaso de aceite
La cáscara de un limón (sólo la parte amarilla)
400 g de harina
1 vaso de vino blanco
Una pizca de sal
50 g de azúcar
Aceite abundante para freír

Para el relleno:
500 ml de leche
4 cucharadas de chocolate en polvo o rallado
4 cucharadas de azúcar
2 cucharadas de maicena (fécula de maíz)

Caliente el vaso de aceite en una sartén y fría la cáscara de limón durante 10 minutos. Aparte del fuego y deje enfriar. Retire la cáscara de limón del aceite.

A continuación, ponga la harina en un recipiente, agregue el vino, la sal y el aceite frío y amase hasta obtener una pasta homogénea. Reserve.

Seguidamente, vierta la leche en una cacerola, reservando media taza. Añada el chocolate y el azúcar y caliente, revolviendo la mezcla con una cuchara de madera. Cuando vaya a empezar a hervir, incorpore la maicena diluida en la leche reservada, y cocine hasta que se forme una crema. Viértala en un plato y déjela enfriar.

Extienda la masa y haga unas obleas circulares. Ponga en el centro de cada oblea una cucharada de crema de chocolate, dóblela por el centro y apriete los bordes para que no se salga el relleno.

Por último, caliente abundante aceite en una sartén y fría las empanadillas hasta que estén doradas. Retírelas con una espumadera y déjelas escurrir sobre papel absorbente. Espolvoréelas con el azúcar y sírvalas templadas o frías.

Tiempo de realización: 45 minutos	Calorías por ración: 581

Flan de huevo

Ingredientes para 4 personas:
500 ml de leche
100 g de azúcar
1 tira de cáscara de limón
1 ramita (astilla) de canela
5 huevos

Para el caramelo:
75 g de azúcar
5 cucharadas de agua

Para la decoración:
200 g de nata montada (crema de leche batida)
4 cerezas (guindas) en almíbar

Prepare el caramelo. Vierta en una flanera el azúcar y el agua, ponga a fuego lento para que el azúcar se disuelva y haga un caramelo. Cuando empiece a tomar color, retírelo y mueva el molde para que se caramelicen uniformemente el fondo y las paredes. Deje reposar.

A continuación, mezcle en un recipiente la leche con el azúcar. Agregue la cáscara de limón y la canela, caliente todo al fuego hasta casi el punto de ebullición y retírelo.

Seguidamente, deseche el limón y la canela e incorpore a la leche los huevos batidos.

Por último, vierta el preparado en la flanera y cocine al baño María durante aproximadamente 45 minutos, hasta que el flan esté cuajado.

Déjelo enfriar, desmóldelo y adórnelo con la nata montada y las cerezas en almíbar.

Bizcocho maimón

Ingredientes para 8 personas:
12 huevos, separadas las claras de las yemas
500 g de azúcar
La ralladura de 1 limón
250 g de harina
250 g de maicena (fécula de maíz)
1 cucharada de manteca de cerdo (cochino, chancho)
2 cucharadas de azúcar glass (glacé, impalpable)

Ponga en un recipiente grande las yemas con el azúcar y la ralladura de limón y bata todo hasta que haya aumentado de volumen y tenga una textura espumosa y blanquecina. Agregue la harina y la maicena y revuelva bien hasta conseguir una pasta homogénea.

A continuación, bata las claras a punto de nieve e incorpórelas a la mezcla anterior.

Seguidamente, engrase con la manteca un molde alto, preferentemente de corona, y vierta en él el preparado anterior. Introdúzcalo en el horno, precalentado a 180° C (350° F), durante 30 o 35 minutos hasta que esté cocido y dorado.

Por último, retírelo del horno, déjelo enfriar, desmóldelo sobre una fuente, espolvoréelo con azúcar glass y sirva.

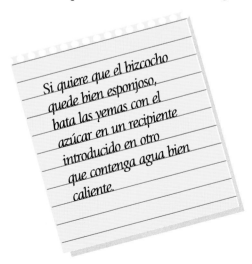

Si quiere que el bizcocho quede bien esponjoso, bata las yemas con el azúcar en un recipiente introducido en otro que contenga agua bien caliente.

Tiempo de realización: 55 minutos	Calorías por ración: 450

Roscón de reyes

Ingredientes para 8 personas:
30 g de levadura de panadero
1/2 taza de leche templada
500 g de harina
50 g de mantequilla, previamente derretida
La ralladura de 1/2 limón
1 cucharadita de agua de azahar
Frutas escarchadas (confitadas) al gusto
250 g de nata montada (crema de leche batida)
1 figurita de cristal o porcelana, para la sorpresa

Disuelva la levadura en la leche templada y reserve. Ponga la harina en un recipiente, haga un hueco en el centro y vierta en él la levadura disuelta en la leche, la mantequilla derretida, la ralladura de limón y el agua de azahar. Mezcle todo cuidadosamente y amáselo con las manos hasta obtener una masa homogénea. Haga una bola, colóquela en un recipiente previamente enharinado, tápelo y deje reposar durante 30 minutos en un lugar templado.

A continuación, voltee la masa, golpeándola varias veces contra la mesa, déle forma de corona y colóquela sobre una placa de horno.

Seguidamente, introduzca por uno de los lados la sorpresa y decore toda la superficie con las frutas escarchadas. Introduzca el preparado en el horno, precalentado a 180° C (350° F), durante 40 minutos, hasta que suba y esté dorado.

Por último, retire el roscón del horno, déjelo enfriar, córtelo por la mitad en sentido horizontal y rellénelo con la nata montada.

Tiempo de realización: 1 hora	Calorías por ración: 372

Tarta tutti fruti

Ingredientes para 6 personas:

Para el bizcocho:

✓ 80 g de mantequilla

✓ 100 g de azúcar

✓ 2 huevos

✓ 75 g de harina mezclada con 1 cucharada de levadura en polvo (polvo de hornear) y la ralladura de 1 naranja

✓ 100 g de albaricoques (chabacanos) secos, picados

✓ 50 g de frutas escarchadas (confitadas) picadas

Para la crema de mantequilla:

✓ 75 g de mantequilla

✓ 150 g de azúcar glass (glacé, impalpable)

✓ 1 cucharada de zumo (jugo) de naranja

Para la decoración:

✓ Unas rodajas de naranja

✓ Unas cerezas (guindas) confitadas

Bata enérgicamente la mantequilla con el azúcar. Agregue los huevos, sin dejar de batir hasta que la mezcla esté esponjosa, e incorpore la harina con la levadura y la ralladura. Cuando la mezcla esté homogénea, añada las frutas **(1)**. Unte con mantequilla un molde redondo, cubra la base con papel vegetal y vierta la masa. Introduzca el preparado en el horno, precalentado a 180° C (350° F), durante 50 minutos. Desmóldelo sobre una rejilla y déjelo enfriar.

Prepare la crema de mantequilla: trabaje la mantequilla con el azúcar glass y el zumo de naranja **(2)** hasta obtener una crema homogénea.

Cuando el bizcocho esté frío, colóquelo sobre una fuente y cúbralo con la crema de mantequilla. Adorne la tarta con la naranja **(3)** y las cerezas e introdúzcala en el frigorífico, hasta el momento de servir.

Tiempo de realización: 1 hora	Calorías por ración: 357

Quesada balear

Ingredientes para 8 personas:
400 g de harina
6 cucharadas de aceite
1 copita de aguardiente de anís
1 copita de agua
4 huevos
400 g de requesón (queso fresco)
400 g de azúcar
Unas hojitas de hierbabuena
2 cucharadas de azúcar glass (glacé, impalpable)

Ponga la harina en un recipiente junto con el aceite, el anís y el agua y mezcle hasta formar una masa ligera y homogénea. Extiéndala forrando el fondo y los laterales de un molde desmontable. Reserve.

A continuación, casque los huevos en el vaso de la batidora, añada el requesón, el azúcar y la hierbabuena y bata todo lentamente hasta que esté bien mezclado.

Seguidamente, vierta el batido en el molde preparado e introdúzcalo en el horno, precalentado a 165° C (325° F), durante unos 40 minutos o hasta que el pastel esté cocido y la superficie dorada. Retire la quesada del horno y déjela enfriar.

Por último, desmóldela, espolvoree la superficie con azúcar glass y decórela al gusto antes de servir.

Para acentuar el aroma de la hierbabuena, puede agregar unas gotas de licor de menta.

Tiempo de realización: 55 minutos	Calorías por ración: 570

Pestiños

Ingredientes para 8 personas:
500 ml de aceite de oliva
La cáscara de 1 naranja
1 cucharada de ajonjolí (semillas de sésamo)
1 cucharada de anises
500 g de harina
La ralladura de 1 limón
1 vasito de vino blanco
1 vasito de agua
Una pizca de sal
1 cucharada de canela molida
250 ml de miel

Caliente el aceite en una sartén, agregue la cáscara de naranja junto con el ajonjolí y los anises y fría todo a fuego lento durante 30 minutos, hasta que el aceite haya tomado bien el sabor. Cuélelo y déjelo enfriar.

A continuación, ponga la harina en un recipiente. Haga un hueco en el centro y añada la ralladura de limón, el vino, el agua, la sal, la canela y 2 vasitos del aceite frito y frío. Mezcle todo bien y trabájelo hasta formar una masa ligera.

Seguidamente, enharine un rodillo y estire la masa hasta que tenga un espesor de 1 cm. Córtela en tiras estrechas y largas, dóblelas y fríalas en el aceite restante, calentado de nuevo.

Por último, ponga la miel en una cacerola pequeña, agregue 1/2 vaso de agua y deje hervir a fuego lento durante 10 minutos hasta formar un almíbar. Bañe con él los pestiños preparados y sirva.

Tiempo de realización: 1 hora   Calorías por ración: 586

Rosquillas fritas

Ingredientes para 8 personas:
2 cucharaditas de anises
1 vaso de agua
100 g de mantequilla
4 huevos
300 g de azúcar
1 cucharada de levadura en polvo (polvo de hornear)
4 cucharadas de leche
1 copita de aguardiente de anís
Una pizca de sal
La ralladura de 1/2 limón
700 g de harina
Abundante aceite, para freír
2 cucharadas de azúcar glass (glacé, impalpable)

Cocine los anises con el agua hasta que el líquido se reduzca a la mitad. Cuele y reserve.

A continuación, derrita la mantequilla y añádale los huevos, el azúcar y la levadura. Revuelva todo bien, agregue la leche, el líquido de hervir los anises, el aguardiente, la sal y la ralladura de limón. Trabaje la mezcla con una espátula e incorpore poco a poco la harina hasta conseguir una pasta correosa.

Seguidamente, espolvoree con harina una mesa o superficie de trabajo, ponga en ella la masa y déle forma de cilindro, procurando que quede recubierta de harina. Corte el cilindro en rodajas de 2 cm de grosor y forme las rosquillas.

Por último, fríalas en abundante aceite caliente, hasta que estén doradas por ambos lados. Escúrralas sobre papel absorbente de cocina y espolvoréelas con el azúcar glass antes de servir.

Tiempo de realización: 40 minutos   Calorías por ración: 578

Nidos sorpresa

Ingredientes para 4 personas:
3 claras de huevo
125 g de azúcar glass (glacé, impalpable)
Una pizca de sal
Unas gotas de zumo (jugo) de limón
2 naranjas
2 kiwis
250 g de frambuesas (frutillas)
1 taza de crema pastelera o natilla

Ponga las claras en un cuenco y bátalas con una batidora manual o eléctrica. Cuando comiencen a estar espumosas y blanquecinas, agregue 100 g de azúcar, una pizca de sal y el zumo de limón, y continúe batiendo hasta que las claras estén a punto de nieve bien firme.

A continuación, ponga el merengue en una manga pastelera con boquilla rizada y forme los nidos separados entre sí, sobre una placa de horno, previamente engrasada. Espolvoréelos con el azúcar restante y cocínelos en el horno, precalentado a 120° C (250° F), durante dos horas. Retírelos del horno y déjelos enfriar.

Mientras tanto, pele las naranjas y separe los gajos sin la piel que los recubre. Pele los kiwis, córtelos en rodajas y trocee éstas. Lave las frambuesas y escúrralas muy bien. Reparta la crema pastelera en el fondo de los nidos y coloque las frutas encima de forma decorativa.

Tiempo de realización: 2 horas 30 minutos   Calorías por ración: 404

Frituras de plátano

Ingredientes para 6 personas:
- ✓ 4 plátanos (bananos, cambures)
- ✓ 5 cucharadas de harina
- ✓ 2 cucharadas de maicena (fécula de maíz)
- ✓ 1 taza de azúcar
- ✓ 1/2 taza de leche
- ✓ 1 huevo batido
- ✓ El zumo (jugo) de 1 limón
- ✓ Aceite para freír
- ✓ Azúcar glass (glacé, impalpable), para la decoración

1

Caliente agua en una cazuela al fuego, cuando comience la ebullición, incorpore los plátanos previamente pelados y deje que den un hervor. Escúrralos y séquelos. Póngalos en un recipiente y tritúrelos hasta convertirlos en puré. Agregue la harina y la maicena y revuelva todo bien.

A continuación, incorpore el azúcar y la leche (1), poco a poco, revolviendo hasta que la mezcla quede homogénea.

2

Seguidamente, añada el huevo batido (2) y el zumo de limón y mezcle.

Por último, caliente abundante aceite en una sartén al fuego y fría la masa, a cucharadas (3). Deje escurrir sobre servilletas de papel para eliminar el exceso de aceite, espolvoréelas con azúcar glass y sirva.

3

Tiempo de realización: 20 minutos	Calorías por ración: 208

Crema catalana

Ingredientes para 4 personas:
750 ml de leche
La cáscara de 1/2 limón
6 huevos
300 g de azúcar
2 cucharadas de maicena (fécula de maíz)

Vierta la leche en un cazo grande. Lave la cáscara de limón, viértala en el cazo y ponga éste al fuego.

Mientras tanto, bata los huevos en un recipiente junto con 250 g de azúcar. Cuando la mezcla esté espumosa, añada la maicena, previamente disuelta en un poco de agua fría, y continúe batiendo hasta obtener una mezcla homogénea y sin ningún grumo.

Cuando la leche comience a hervir, incorpore el batido de huevos, poco a poco, revolviendo constantemente con un batidor para que la mezcla no se pegue al fondo del recipiente, y cocine durante unos 3 o 4 minutos hasta que espese, pero cuidando que no hierva, pues las yemas se cuajarían.

Cuando la crema esté en su punto, viértala en cazuelitas individuales de barro o en una fuente honda.

Déjela enfriar, espolvoréela con el azúcar restante y tueste la superficie con una plancha caliente hasta que esté caramelizada.

No se precipite y deje la plancha al fuego bastante tiempo para que esté bien caliente, pues de ello dependerá que el caramelo salga mejor.

Tiempo de realización: 20 minutos   Calorías por ración: 525

Torta de batata

Ingredientes para 6 personas:

1 kg de batatas (boniatos, camotes, ñames) cocinadas y hechas puré
3 cucharadas de mantequilla
1 taza de leche
1 cucharada de canela en polvo
Una pizca de sal
4 huevos batidos
2 cucharadas de panela raspada
500 g de queso fresco (de prensa) rallado

Vierta en un recipiente grande el puré de batatas. Añada la mantequilla y la leche y revuelva todo bien.

A continuación, incorpore la canela y la sal. Agregue los huevos de uno en uno y, sin dejar de revolver, incorpore la panela y el queso, batiendo hasta que todo esté bien mezclado.

Seguidamente, vierta el preparado en un molde engrasado e introdúzcalo en el horno, precalentado a 165° C (325° F), durante 30 minutos.

Por último, retire la torta del horno, desmóldela y decore la superficie con guindas y tiras de batata, o al gusto.

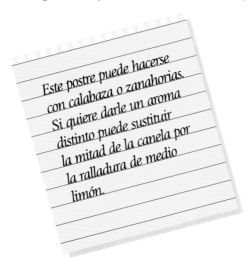

Este postre puede hacerse con calabaza o zanahorias. Si quiere darle un aroma distinto puede sustituir la mitad de la canela por la ralladura de medio limón.

Tiempo de realización: 40 minutos	Calorías por ración: 530

Plátanos flambeados al ron

Ingredientes para 4 personas:

4 plátanos (bananos, cambures) grandes y maduros
El zumo (jugo) de 1 limón
2 cucharadas de mantequilla
1 copa de ron
2 cucharadas de azúcar
Nata montada (crema de leche batida)

Pele los plátanos y córtelos por la mitad en sentido longitudinal. Rocíelos con el zumo de limón y reserve.

A continuación, derrita la mantequilla en una sartén y fría los plátanos hasta que estén dorados.

Seguidamente, ponga el ron en un recipiente, añada el azúcar y caliéntelo bien.

Por último, coloque los plátanos en los platos de servir y decórelos con la nata montada. Prenda el ron con un fósforo, flambee los plátanos y sírvalos de inmediato.

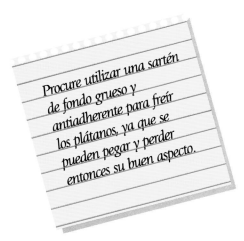

Procure utilizar una sartén de fondo grueso y antiadherente para freír los plátanos, ya que se pueden pegar y perder entonces su buen aspecto.

Tiempo de realización: 15 minutos	Calorías por ración: 235

Leche frita

Ingredientes para 6 personas:

10 cucharadas de azúcar
12 cucharadas de harina
500 ml de leche
1 cucharadita de mantequilla
2 huevos
Aceite abundante para freír
2 cucharadas de canela en polvo

Vierta en una sartén grande 7 cucharadas de azúcar y 10 de harina, mezcle bien y agregue la leche, poco a poco, revolviendo constantemente. Ponga la sartén al fuego, añada la mantequilla y cocine, sin dejar de revolver, hasta que espese y se forme una masa consistente.

A continuación, moje una fuente y, sin secarla, vuelque en ella la masa preparada. Déjela enfriar completamente.

Seguidamente, bata los huevos en un plato y, en otro, ponga la harina restante. Corte la masa fría en trocitos, páselos por la harina, después por el huevo batido y a continuación, fríalos en abundante aceite caliente, hasta que estén dorados.

Por último, coloque la leche frita en una bandeja, espolvoréela con el azúcar restante mezclada con la canela y sirva.

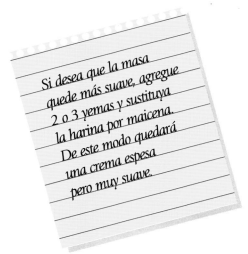

Si desea que la masa quede más suave, agregue 2 o 3 yemas y sustituya la harina por maicena. De este modo quedará una crema espesa pero muy suave.

Tiempo de realización: 30 minutos   Calorías por ración: 294

Huevos Princesa

Ingredientes para 8 personas:

✓ *6 yemas de huevo*
✓ *1 cucharadita de levadura en polvo (polvo de hornear)*
✓ *1 cucharada de mantequilla*
✓ *1 taza de agua*
✓ *1 taza de azúcar*
✓ *Unas gotas de limón*
✓ *1 cucharada de uvas pasas (uvas secas)*
✓ *1 ramita (astilla) de canela*
✓ *10 almendras picadas*

1

Ponga las yemas en un recipiente, añada la levadura y bata, con un batidor de varillas **(1)**, hasta que doblen su volumen.

A continuación, engrase un molde con la mantequilla, vierta en él los huevos batidos **(2)** y cocine al baño María hasta que se cuajen. Pínchelos con una aguja y si ésta sale seca y limpia, es que están cuajados. Deje enfriar y desmolde.

2

Mientras tanto, ponga en un recipiente al fuego el agua, el azúcar y el zumo de limón y cocine, a fuego lento y revolviendo suavemente, hasta que se forme un almíbar.

A continuación, corte los huevos cuajados en trozos y póngalos en una fuente de servir. Añada las pasas, la canela y las almendras y rocíe todo con el almíbar para que se empapen bien **(3)**.

3

Tiempo de realización: 35 minutos	Calorías por ración: 131

Tartaletas de fresas

Ingredientes para 4 personas:
Para la masa:
150 g de harina
2 cucharadas de agua fría
75 g de mantequilla o margarina
1 yema de huevo
Una pizca de sal

Para el relleno:
400 g de fresas (frutillas)
2 tazas de crema pastelera
Azúcar glass (glacé, impalpable)

Ponga la harina en forma de volcán sobre una superficie de trabajo, vierta en el agujero central el agua, añada la mantequilla, la yema de huevo y la sal y mezcle todo con la punta de los dedos hasta obtener una masa, trabajándola lo menos posible. Envuélvala en plástico transparente de cocina e introdúzcala en el refrigerador durante 30 minutos.

A continuación, ponga la masa en una superficie de trabajo enharinada y extiéndala con el rodillo, hasta obtener una lámina de 1/2 cm de grosor. Divídala en 4 y forre el fondo y las paredes de 4 moldes de tartaletas. Pinche toda la masa con un tenedor e introduzca en el horno, precalentado a temperatura media, durante unos 30 minutos. (Para que la masa no suba, es conveniente cubrir el fondo del molde con papel de aluminio y colocar un puñadito de legumbres secas en su interior). Cuando las tartaletas estén cocidas, desmóldelas y déjelas enfriar.

Mientras tanto, lave las fresas y trocéelas si éstas fueran demasiado grandes.

Seguidamente, reparta la crema pastelera entre las 4 tartaletas y coloque encima las fresas.

Por último, espolvoree la superficie con el azúcar glass y sírvalas adornadas con unas hojitas de hierbabuena o al gusto.

Tiempo de realización: 40 minutos   Calorías por ración: 451

Magdalenas

Ingredientes para 6 personas:
100 g de mantequilla ablandada
100 g de azúcar
La ralladura de 1 limón
2 huevos
100 g de harina
1 cucharadita de levadura en polvo (polvo de hornear)

Trabaje la mantequilla junto con el azúcar, hasta obtener una crema suave y esponjosa.

A continuación, agregue la ralladura de limón e incorpore los huevos, de uno en uno, batiendo entre cada adición.

Seguidamente, añada, poco a poco, la harina tamizada con la levadura, mezclando delicadamente.

Por último, llene las 2/3 partes de unos moldecitos de papel con la masa. Coloque los moldecitos en una placa y cocínelos en el horno, precalentado a 180º C (350º F), durante unos 20 minutos, hasta que las magdalenas estén bien doradas. Retírelas del horno y déjelas enfriar.

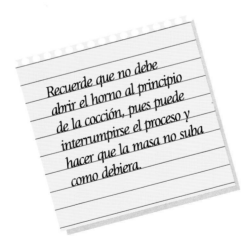

Recuerde que no debe abrir el horno al principio de la cocción, pues puede interrumpirse el proceso y hacer que la masa no suba como debiera.

Torrijas

Ingredientes para 6 personas:
1 barra de pan asentado cortado en rebanadas
500 ml de leche fría
150 g de azúcar
3-4 huevos
Abundante aceite para freír

Para la decoración:
2 cucharadas de azúcar
1 cucharadita de canela molida

Vierta en un plato hondo la leche fría, agregue el azúcar y revuelva todo bien. En un cuenco aparte, bata los huevos.

A continuación, sumerja las rebanadas de pan, de una en una, en la leche azucarada y deje que se empapen, primero de un lado y luego del otro, durante unos segundos, cuidando que no absorban demasiado líquido para evitar que se deshagan durante la cocción. Escúrralas, páselas por el huevo batido y fríalas en abundante aceite caliente hasta que estén doradas.

Por último, ponga las torrijas sobre papel absorbente de cocina y espolvoréelas con el azúcar, previamente mezclado con la canela molida. Colóquelas en una fuente y sírvalas calientes.

Al freír las torrijas, se suele formar espuma en la superficie del aceite; conviene retirarla con una espumadera para evitar que el aceite se ponga negro.

Tiempo de realización: 30 minutos	Calorías por ración: 286

Pastel de fresas

Ingredientes para 8 personas:
- ✓ 250 g de harina
- ✓ 2 cucharadas de nueces molidas
- ✓ 125 g de mantequilla
- ✓ 2 yemas de huevo
- ✓ 500 g de fresas (frutillas)
- ✓ 2 cucharadas de almíbar mezclado con mermelada roja
- ✓ 200 g de nata montada (crema de leche batida) con azúcar

Para el manjar blanco:
- ✓ 500 ml de leche
- ✓ 3 cucharadas de harina
- ✓ 200 g de azúcar
- ✓ 1 ramita (astilla) de canela

1

2

Ponga la harina sobre una superficie lisa dándole forma de volcán. Añada las nueces, la mantequilla y las yemas **(1)** y trabaje todo hasta formar una masa. Haga una bola y déjela reposar en el refrigerador durante 30 minutos.

Mientras tanto, prepare el manjar blanco. Disuelva la harina en la leche, añada el azúcar y la canela y cocine la mezcla, sin dejar de revolver, hasta que espese. Déjela enfriar.

3

A continuación, extienda la masa con el rodillo y forre un molde bajo **(2)**. Pinche el fondo de masa con un tenedor e introduzca en el horno, precalentado a 205° C (400° F), hasta que la masa esté cocinada. Retírela del horno y, una vez fría, cubra el fondo con el manjar blanco. Coloque por encima las fresas **(3)** y barnice todo con el almíbar para que dé brillo. Decore el pastel con la nata y sirva.

Tiempo de realización: 45 minutos	Calorías por ración: 502

Postre de papaya

Ingredientes para 6 personas:

3 papayas medianas
4 claras de huevo
2 sobres de gelatina sin sabor
1/2 taza de agua caliente
1 1/2 tazas de leche
1 limón verde (lima)

Corte las papayas longitudinalmente y reserve media para la decoración. Extraiga con cuidado todas las pepitas y deséchelas.

A continuación, retire la pulpa con una cucharilla y hágala puré con la ayuda de una batidora.

Seguidamente, bata las claras a punto de nieve e incorpórelas al puré de papaya. Disuelva la gelatina en el agua caliente y añádala al puré junto con la leche. Mezcle todo bien, viértalo en un molde e introdúzcalo en el frigorífico durante 5 o 6 horas, hasta que esté bien cuajado.

Por último, desmolde el postre y decórelo con la papaya reservada y el limón en rodajas.

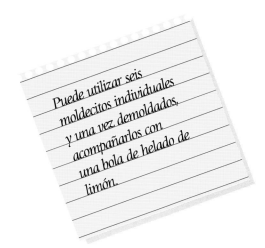

Puede utilizar seis moldecitos individuales y una vez demoldados, acompañarlos con una bola de helado de limón.

Tiempo de realización: 15 minutos   Calorías por ración: 71

Tarta de peras

Ingredientes para 8 personas:

2 huevos
100 g de azúcar
100 g de mantequilla derretida
100 g de harina
Una pizca de sal
1 cucharadita de levadura en polvo (polvo de hornear)
3 peras medianas
1 manzana

Para la decoración:
2 peras
Un trozo de cáscara de limón
1 cucharada de azúcar
100 g de mermelada de albaricoque (chabacano)
1 cucharadita de zumo (jugo) de limón
1 hoja de gelatina sin sabor

Bata los huevos junto con el azúcar en un cuenco grande, hasta obtener una mezcla blanquecina y espumosa. Incorpore la mantequilla derretida, revuelva bien y agregue la harina mezclada con la sal y la levadura. Bata todo hasta conseguir una crema homogénea.

A continuación, pele las peras y la manzana, retire los corazones y córtelas en rebanadas finas. Añádalas a la crema preparada y mezcle todo con cuidado.

Seguidamente, engrase un molde con mantequilla, vierta en él la mezcla preparada y cocínela en el horno, precalentado a 180° C (350° F), durante 1 hora. Desmóldela y déjela enfriar.

Mientras tanto, pele las peras de la decoración, córtelas por la mitad, retire los corazones y cocínelas en agua hirviendo con la cáscara de limón y el azúcar durante 15 o 20 minutos, hasta que estén tiernas. Retírelas del agua, córtelas en rebanadas finas y colóquelas sobre la tarta.

Por último, caliente la mermelada con el zumo de limón y la hoja de gelatina, hasta que esta última se disuelva, deje enfriar y bañe la tarta con este preparado.

Tiempo de realización: 1 hora 40 minutos	Calorías por ración: 304

Brazo de reina de mango

Ingredientes para 4 personas:
3 huevos, separadas las yemas de las claras
4 cucharadas de azúcar
2 cucharadas de harina
2 cucharadas de maicena (fécula de maíz)

Para la crema de mango:
2 mangos medianos
3 hojas de gelatina
2 cucharadas de azúcar glass (glacé, impalpable)
3 cucharadas de ginebra

Ponga en un recipiente las yemas de huevo y el azúcar y bata todo con batidora eléctrica, durante 10 o 15 minutos, hasta que doblen su volumen. Agregue la harina y la maicena y mezcle todo bien.

A continuación, bata las claras a punto de nieve e incorpórelas a la mezcla anterior. Engrase una lata de horno con mantequilla, espolvoréela con harina y vierta en ella el preparado, dejándolo en una capa fina. Cocínelo al baño María en el horno, precalentado a 205° C (400° F), durante 15 minutos.

Mientras tanto, pele los mangos, trocee la pulpa y hágala puré. Ponga la gelatina en remojo y cuando pierda rigidez, disuélvala en un cazo al fuego junto con un poco de puré de mango. Incorpore al puré de mango la gelatina disuelta, el azúcar y la ginebra, mezcle todo bien y déjelo enfriar en el frigorífico para que tome consistencia.

Por último, desmolde el bizcocho en cuanto esté cocinado, póngalo sobre un trapo húmedo, rellénelo con la crema de mango y enróllelo con la ayuda del trapo, dejándolo envuelto en él. Cuando esté frío, desenvuélvalo con cuidado, e introdúzcalo en el frigorífico hasta el momento de servir.

Tiempo de realización: 50 minutos   Calorías por ración: 273

ÍNDICE